कविता में उगी दूब

(नवलेखन पुरस्कार में अनुशंसित कविता-संग्रह)

कविता में उगी दूब

दिलीप शाक्य

वाणी प्रकाशन ग्रुप

भारतीय ज्ञानपीठ

वाणी प्रकाशन : भारतीय ज्ञानपीठ की पुस्तकों के एकमात्र प्रकाशक एवं वितरक

लोकोदय ग्रन्थमाला : ग्रन्थांक 1255

सजिल्द प्रथम संस्करण : 2015
सजिल्द द्वितीय संस्करण : 2026

वाणी प्रकाशन ग्रुप | भारतीय ज्ञानपीठ

वाणी प्रकाशन : भारतीय ज्ञानपीठ की पुस्तकों के एकमात्र प्रकाशक एवं वितरक

वाणी प्रकाशन

4695, 21-ए, दरियागंज, नयी दिल्ली-110 002
दूरभाष : 011-23273167, 23275710
ईमेल : sales@vaniprakashan.in
www.vaniprakashan.com

ISBN : 978-93-7348-931-5

मूल्य : ₹ 300

कविता में उगी दूब

(कविता-संग्रह)

दिलीप शाक्य

KAVITA MEIN UGI DOOB
(Poetry-Collection)
by Dileep Shakya

आवरण-चित्र : अवधेश मिश्र
मुद्रक : आर. टेक ऑफ़सेट प्रिंटर्स, दिल्ली-110 032

कंचन, शेफालिका और उत्सव
के नाम

अनुक्रम

गुलाब की पत्तियाँ और कैंची

1
कैंची से गुलाब की पत्तियाँ काटती एक औरत
हवा के जोर से खुल गयी खिड़कियों को
पलट रही है बार-बार

शृंगार-मेज के आईने में झलक-झलक उठते हैं
एक चेहरे के छूटे हुए अक़्स
चेहरे में एक गुलाब गुमशुदा है
गुलाब में एक चेहरा

हिन्दी कवि शमशेरबहादुर सिंह की आवाज़
आह बनकर खिंचती है सीने में
'लौट आ ओ फूल की पंखुड़ी
फिर फूल में लग जा'

दूर कातिक की रात एक सूने प्लेटफॉर्म पर
ट्रेन का इन्तज़ार लम्बा हो रहा है
बेंच पर ऊँघती एक औरत
अपने नाखून चबा रही है
औरत के उनींदे आसमान में धीरे-धीरे टूट रहे हैं
सितारों के सफेद गुलाब

तितलियो, तितलियो तुम कहाँ हो?
हम कब से पुकार रहे हैं

हमारी मसें भीग रही हैं
हमारा दिल धड़क रहा है
बाग़वान की कैंची के शिकार होने से पहले
हम तुम्हारे परों से लिपट जाना चाहते हैं
हम ओस की बूँदों में नहाकर आए हैं
अछूती साँसों में खुशबुओं की सरगोशियाँ लाए हैं

2

स्त्री-समय की अनोखी चित्रकार शिवानी अग्रवाल
रंग-बिरंगी नलकियों के धागों को
अपने लहू की उदास रंगत में डुबोकर
टहनियों से टूटे हुए गुलाबों के ज़ख़्म सिलती है
उँगलियाँ रफू करती है

ज़ुबाने-ग़ालिब में मैं भी तो
कह सकूँ हूँ शायद
'उँगलियाँ फ़िग़ार अपनी खामाँ-खूँ-चकाँ अपना'

कहाँ हो, कहाँ हो मेरी तन्हाई के रफ़ूगर
कि उधड़ा जाता है देह का लिबास
दर्द के महीन रेशों में उलझ रहे हैं चेतना के सिरे
इन्तज़ार के निर्वात में खड़ी है एक सुई
खोई-खोई सी अधूरी उदास

3

दूर, बहुत दूर से...
पास, बहुत पास आती रहट के पानी की आवाज़
एक सूने कंसर्ट हॉल में
सितार की तरह बज रही है
आँखों में सज रही है उसी झील की याद
जिसके किनारे बैठकर हमने
थके-हारे सूर्य को जल में नहाते देखा था
आत्मलीन

तुम आज सुन्दर दिख रही हो मेरी शरीक़-ए-हयात
बहुत सुन्दर
सुबह की धुन्ध में उगते सूर्य की तरह...
हज़ार सालों की दोस्ती भी कम है
तुम्हारे साथ गुज़रते दिनों को बयान करने के लिए

धूप में पलकें मूँद लेने पर किसी दशमलव-बिन्दु की तरह
हटता ही नहीं सामने से
उस छाते की छाँव का अन्तिम विवरण
जिसे तुमने बरसात के दिनों में भीगने के बाद
जेठ की कड़ी धूप से बचने के लिए
बहुत सँभालकर रखा था

सँभालकर रखने और
रखकर भूल जाने की आदतों के दरमियान
कितने बदल गये हैं हमारे पैरहन मेरे दोस्तो?

हर तरफ़ कैंचियों से भरे इस समय में
इश्क़ की आज़ादियों में उड़ानें भरते कबूतरों से
उधार माँग कर ले आएँ थोड़ा-सा प्रेम
किसी तरह
आओ उसी से सजाएँ
रिश्तों की सूखी हुई टहनियों पर नये गुलाब
हो सके तो

4

ये गुलाब उन कुकुरमुत्तों की मेहनत से बने हैं
जो आज तुम्हारे बटन-होल पर
एक तंजिया मुस्कराहट की तरह खिल रहे हैं
मेरे कॉरपोरेट पुरुष

ये गुलाब उन औरतों के जूड़ों की
ज़ीनत न बन सके कभी

जिन्हें तुम अपने ड्रॉइंग-रूम के गुलदानों में
किसी ऑर्किड की तरह सजाते रहे बार-बार

रिफ्रेश, रिफ्रेश
रिफ्रेश करो इस कम्प्यूटर स्क्रीन को
चलाओ कोई ऐसा एन्टीवायरस
कि तुम्हारे हार्ड-डिस्क की सारी गन्दगी साफ हो सके

स्विट्ज़रलैंड की वादियों और वेगास की
अय्याशियों से ऊबकर
तुम कालाहांडी की जिस 'मदर इंडिया' के सामने
हाथ जोड़े खड़े हो मेरे जन-सेवको
ग़ौर से देखो कहीं उसमें
किसी मोहनदास कर्मचन्द गाँधी का अक़्स तो नहीं?
(कि यह अक़्स वह आईना है जिसमें कभी तुम थे)

ईस आईने की बिख़री हुई किरचों को समेटकर
अपनी खुरदुरी हथेलियों में
हम कब तक खड़े रहें
किसी आइनासाज़ के इन्तज़ार में

चार्ली चैपलिन हम तुम्हारे 'मॉडर्न टाइम्स' की रंगीनियों से ऊबकर
लौट रहे हैं अपनी प्राचीन कन्दराओं में
थके हुए घोड़ों की तरह
हमारी बेचारगी पर हँसो उसी तरह
जिस तरह हँसे थे तुम
एक 'डिक्टेटर' की तानाशाही पर

...बहुत अँधेरा है साथी, बहुत अँधेरा
कब तक टटोल-टटोलकर ढूँढ़ते रहेंगे
बाहर निकलने का रास्ता
जला ही दो माचिस की वह आख़िरी तीली
जो तुमने अपनी खोयी हुई प्रेमिका का चेहरा देखने के लिए

बचा कर रख ली है

5
मेरे दोस्त ख़ालिद जावेद आख़िर कब तक
दिल्ली और बरेली के बीच खिंचे हाईवे पर छोड़ते रहोगे
अपने बेहिस क़दमों के निशान
तुम्हारे ओवरकोट की जेबों से चिपकी
कहानियों का ख़ून
तुम्हारे जूतों के तस्मों से रिस रहा है
जिसे तुम्हारी ख़ूबसूरत बिटिया ज़ीनू
अपनी ड्रॉइंग कॉपी पर
हज़ार-हज़ार मुस्कराहटों में बदल रही होगी यक़ीनन

6
'सूनी सड़क के लैम्पपोस्ट की तरह जल रही हूँ कब से
तुम्हारे क़दमों की आहट में
तुम अभी तक नहीं आए'
दालान में टहलती हुई एक स्त्री
सोचते-सोचते अपने पुरुष के वादे पर
अचानक दौड़ने लगी है स्मृति के भीड़ भरे शहर में

दूर पहाड़ी के उस पार बर्फ़ गिर रही है कहीं
भीतर उबल रहा है कोई ज्वालामुखी

नीली रात की अलगनी पर टाँगकर सितारों की झालरें
अपनी डायरी में लिख रहा है चाँद
उन लड़कियों की मुख़्तसर दास्तानें
जिन्हें उनके प्रेमियों ने
घने जंगलों में ज़हर देकर सुला दिया था

अपने गुनाहों का लिबास छोड़कर वे
किसी शहर के शॉपिंग मॉल में सजे-धजे घूम रहे होंगे
धूप के चश्मे लगाए

धूप के चश्मों में बड़ी उदास दीखती है
महानगर की रात (फिर भी...)

7
महानगर की रात में चमकते फ्लाइओवर पर खड़े
एक विशाल विज्ञापन होर्डिंग में
सुबह हो रही है
सुबह के तट पर खड़ी एक श्यामवर्णी नग्न स्त्री
अपने पूरे ऐश्वर्य के साथ हँस रही है
सूर्य को हथेलियों में सँभाले
किसी स्वर्ण-कलश की तरह

महानगर की रात उस जंगल की रात से
कम भयानक नहीं थी
जिसके बारे में एक मोची का बयान था कि
        वह चमड़े की शराफ़त के पीछे
        आदमी पर पेड़ से वार करता है
यक़ीनन, सुदामा पांडेय 'धूमिल' यक़ीनन
मगर तुम यह कहना भूल गये
कि उसकी सबसे घातक चोट औरत पर पड़ती है

औरत जो इस वक़्त
भाषा में आदमी होने की तमीज का सबसे बड़ा प्रतीक है

8
गैब्रिएल गार्सिया मार्क्वेज़ तुम्हारे माकोन्दो विलेज की
रेमेदियोस द ब्यूटी तो नहीं थी वो?
जो हमारे कस्बों की सरहदों पर उठे पीले आसमानों में
अपना नीला उत्तरीय लपेटे
उड़ गयी थी एक अलसाई दोपहर

वह एक अपार्टमेंट के बाथरूम में नहाते हुए
देख रही है मुझे, किसी अन्तरिक्ष की बालकनी से

महाकवि 'निराला' की कविता को
अपनी साँसों में जीवित करते हुए
'आँखें रह जाती थीं फँसकर, कँपते थे दोनों पाँव बन्धु'

मत कहो बन्धु कि यह दबी वासना की विकृति है
यह वो सहज सितार है जो इलाहाबाद के पथ पर
पत्थर तोड़ती स्त्री और महाकवि के बीच
सज रहा था एक भरी दोपहर
मैं उस दोपहर की धूप में जला देना चाहता हूँ
अपनी शाम का हर रंग

वो जो अपनी ज़ात के पर्दे में दुबकी खड़ी है डरी सहमी
क्या उससे कह सकूँगा मैं?
कि उतारो यह अपना बेशक़ीमती भय
और मेरी आँखों में देखो
तुम्हारे गालों पर वही सुर्खी है
जो मेरे सीने में दबी गुलाब की क्यारियों में
तुम्हारे पहले बर्थ-डे की सुबह से महक रही है
हाँ, यह जानता हूँ मैं कि एक औरत पैदा होती है
जैसे टहनी पर खिलता है एक गुलाब
काँटों से घिरा
फिर भी, फिर भी मैं चाहूँगा
कि वह इस सुर्ख़ी को अपने ख़ून में घुलाकर
उर्दू कवि मजाज़ की नज़्म का जवाब दे—
'तू इस आँचल से इक परचम बना लेती तो अच्छा था'

तो क्या हुआ कि आज अपनी ही सलवटों में लिपटे हुए परचमों को
बहुत क़रीब से देख रहा हूँ मैं
किसी पार्टी-वर्कर की तरह
हवा के रुख़ पर शर्मिन्दा होता हुआ

तुम्हें भी तो देख रहा हूँ मैं तुम्हारी ही तरह
मेरी हमनफ़स

हवा के रुख़ को कई-कई दिशाओं में मोड़ते हुए बे-खौफ़
तोड़ते हुए भीतर की मजबूत शृंखलाएँ
कड़ी-दर-कड़ी
        तुम अभूतपूर्व लग रही हो
मेरे भीतर और बाहर खड़ी चैलेंज-सी...

9

मेरे जयदेव, मेरे विद्यापति, मेरे सूरदास तुम्हारी राधा आज
किसी मीरा के गिरिधर-प्रेम से
खिलाती हुई अपने हृदय का सबसे क़ीमती गुलाब
एक मोटरबाइक पर जीतने निकली है
प्रेम का पूरा साम्राज्य

वह अपने मधुवन में बाँसुरी बजा रही है
अलकों पर मोर मुकुट धारे
ग्वालों को रिझाती
उसकी आवाज़ के पर्दों में महक रहे हैं सरसों के पीले फूल
कदम्ब के पेड़ की ओट से झाँककर
अपनी राह लौट रहा है एक नादान भँवरा...

एक रुकी हुई ट्रेन की खिड़की से देख रहा हूँ मैं भी
प्लेटफॉर्म पर हर तरफ
जोर-जोर बतियाती खिलखिलाती
कॉलेज की लड़कियों के
स्वच्छन्द समूह
अपने पूरे बदन से मुस्कराती एक औरत
घुल मिल गयी है उनके बीच बड़े आराम से

आराम कहाँ है? कि भाग रही है एक औरत
सड़कों पर गलियों में घर में किचिन में
सुबह-दोपहर-शाम-रात
खट रही है आठों पहर...
बस कुछ रहस्यमय रातों को ही प्रायः

बेड-रूम में खुलता है एक चैट-रूम का दरवाज़ा
वहीं हैं...वहीं हैं शायद
उलझ रहे प्रश्नों के सुलझे हुए समाधान
खोज वहीं जारी है...

10

तारी है एक अजीबो-ग़रीब एहसास
मेरे समूचे जिस्म पर
लगता है कि कोई क़त्ल करके लौटा हूँ
बार-बार धोता हूँ ख़ून में रंगे अपने हाथ
किसी लेडी मैक़बैथ की तरह

आत्मा के पत्थर पर खरोंचों की तरह जम गया है
मेरे जिगर का लहू
आपस में टकराकर टूट गये हैं
मेरे समय की घड़ी के काँटे
मिनट-दर-मिनट सेकेंड-दर-सेकेंड
दूर हो रहा हूँ
स्त्री-काल की सभी परिधियों से

अपनी ही गुफा में क़ैद किसी भित्ति-चित्र की तरह
पढ़ा जा रहा हूँ
इतिहास की पाठ्य-पुस्तकों में

मुझे रि-डिस्कवर करो मेरी माशूक़
कि मैं तुम्हारी हर प्रयोगशाला में आने को तैयार हूँ
जहाँ चाहे ऑपरेट करो मुझे
अपनी जुबान की कैंची से
मगर मत छीनो मुझसे
अपने होंठों के मधुर गुलाब...

क्लाइमैक्स

आईने में पिस्तौल ताने खड़ा है
मेरा अक़्स

अपनी परछाईं को ढूँढ़ता हूँ मैं
घर की हर दीवार पर

बाहर तैयार बैठे हैं लोग
मेरे शव की प्रतीक्षा में

कविता में उगी दूब

कविता में उगी दूब को देखकर
किसी खरगोश की तरह
दौड़ गया मेरा मन

तभी गोली चली
कविता के बाहर

और किसी कहानी में ख़ून से लथपथ
तड़पकर
निश्चेत हो गया मेरा तन

नींद के पहाड़

तारों की घनी रात में नींद के दो पहाड़
खिसक कर क़रीब आ गये

कँटीली प्यास के पोर पोर में समा गया
एक प्रतीक्षित ख़्वाब का
मधुमय आबशार

एक रुपहली नदी में बदल गया
रोशनी का उनींदा फ्लाइओवर

किनारे पर खड़ी हो गयी शान्त
लहरों के उन्माद में डूबती-उतराती
एक नाव

कमरे की बालकनी में वस्ल के बाद
होंठों पर महक रहा था
कॉफी का स्वाद

एक पीली शाम के दरीचों से

पतझर के दिनों की
एक पीली शाम के दरीचों से
निकल कर
तुम्हारी याद का तारों भरा आसमान

मेरे ख़्वाब की ओस में भीगी हुई रात के
हरे लॉन पर गिर पड़ा

मेरी सुबह के आर्ट हाउस में
फिर गहरे होने लगे
तुम्हारे लहू से मेरे लिबास पर उकेरी गयी
तस्वीरों के धुले हुए रंग

खिड़की ने दीवार से पूछा

खिड़की ने दीवार से पूछा
तुमने मुझे खोला है
या मैंने तुम्हें ?

दरवाज़ा पहरेदार-सा
सुनता रहा पीठ किये

उन्मुक्त साँसों की धुन

दरख़्तों के नंगे चिकने तनों पर
हवाओं के बोसे ग़ज़ल लिख रहे हैं
दम साधकर आसमाँ सुन रहा है
मुहब्बत की उन्मुक्त साँसों की धुन
सितारों जड़ी रात
हँस हँस के दोहरी हुई जा रही है

काँच के उस तरफ

काँच के उस तरफ बिलकुल पास
उग रही है आँख में
एक प्यास

बादलों की क़ैद में
जल छटपटाता-सा

टकटकी बाँधे खड़ी है आँख
उग रही है आँख में
एक प्यास

काँच के उस तरफ बिलकुल पास

प्रेम का एक क्षण

आग से भरा पानी का गिलास
करंट की तरह उतर गया
हलक में

धमनियों में बिजलियों की तरह
नाचने लगीं
रक्त की बूँदें

होश! होश!! चिल्लाती रही
तलवों के नीचे घूमती ज़मीन

स्मृति का उन्माद

मन की दहलीज़ तक फैले उसके रेशमी केश
मेरी पीठ पर छोड़ गये हैं
अपनी मेहँदी का रंग

मेरे सीने पर शमशीर की धार-सा खिंच गया है
कोई आँसू
उसके चश्म की कोर से टूटकर

बढ़ता ही जाता है नीली रात के पर्दे पर
किसी अश्व की परछाईं-सा हिनहिनाता
स्मृति का उन्माद

उसके आलिंगन के इन्तज़ार में टूटती हैं रगें
पहले से कुछ और ज़ियादा

देह-भाषा

उसकी देह उसकी भाषा को रौंदकर
आगे निकल आई

टूटकर बिख़र गया
उसके लिबास का कसा हुआ वाक्य
छिटक कर दूर जा गिरे नींद में हँसते हुए शब्द

इससे पहले कि सँभलता मेरी भाषा का व्याकरण
तालू से चिपकते गये वर्ण
गले में रुन्धती गयीं ध्वनियाँ
होश की तरह छूट गयी साँसों से वर्तनी

आँखों में पिघलता रहा कोई मधुबन
रोम-रोम में समा गयी गन्ध

एक स्थिर मन:स्थिति

मेरे होंठों पर तुम्हारे जिस्म का नमकीन स्पर्श अब भी क़ायम है
पलकें एक मीठे से भारीपन से झुकी पड़ती हैं
बदन में एक कुनकुनी-सी ताज़गी है
साँसों में एक विचित्र-सा स्पन्दन
तुम पास हो...बहुत पास
इतनी पास कि मैं अपनी ही बातों में समा गया हूँ।

नावें

कितनी नमी थी इबारत में
पढ़ते ही भीग गयीं आँखें

आँखों में फैल गयी झील एक
चल निकलीं यादों की नावें

पानी में पाँव डाल
बैठा रहा समय किनारे

शाम हुई खुल गयीं
परिन्दों की पाँखें

नावों से उतरे मुसाफिर
दूर कहीं खो गये...

धूप का रंगरेज

मन की धुन्ध में बहुत दूर तक चमकता
रोशनी का एक पुल था

गुज़िश्ता याद की तनहाई में
कुछ टूटी बिखरी परछाइयों के सिलसिले थे

रंगत उड़े होंठों की धुँधली-सी हँसी में
एक बुझे बुझे अफसाने की लरजिश थी

एक फीकी-फीकी सुबह को रंगने की आरजू में
ठिठकी खड़ी थी रहगुज़र

बादल की सलवटों पर अलसाया पड़ा था
धूप का रंगरेज

सुबह का इन्तज़ार

ड्रॉइंग रूम के फोटो-फ्रेम में उगा सूरज
बेडरूम के आईने में डूब गया
अब बालकनी में खड़े हैं
सुबह के इन्तज़ार में

आग के उदास स्कैच

1

की-बोर्ड पर झुकी उँगलियों ने जैसे ही टाइप की
उजाले की स्पेलिंग

रात के अँधेरे में डूब गयी
सात रंगों की विशाल आसमानी स्क्रीन

जल उठा
चाँद का दूधिया मिंटल

अन्तरिक्ष में जुगनुओं की तरह
फैल गये सितारों के छिपे हुए जुलूस

एक उजड़े हुए मधुबन की हींस में
बरसों बाद
फिर छिड़ा
दो घायल पक्षियों का महारास

तपते हुए मरुस्थलों की गहरी नींद में
फिर
उतरने लगा
हरी घास का लहलहाता स्वप्न

पहाड़ की कोख में धधक रहा था
फिर एक ज्वालामुखी

पिघलने पिघलने को ही थी सदियों से जमी बर्फ़

कि अपनी ही आँखें नोचकर
निचोड़कर अपनी ही छाती का लहू

क्षितिज से कूदकर
दलदल की अतृप्त गहराइयों में समा गया
फिर
हमारी आत्मा का तेजस्वी सूर्य

एक भयानक चीख़ से भर गयी
वायुमंडल की गर्म हवा

गलियों सड़कों खेतों और मैदानों में
जा ब जा गिरते रहे
ख़ून से सने
पक्षियों के टूटे हुए पंख

अन्धे बरामदों के घुप अन्धेरों में
छिपकर बैठ गयीं उम्मीद की सभी दिशाएँ

2.
आग में जलती हुई हरी भरी आँखों के सामने
देखते-देखते छा गया
एक अन्तहीन कोहरा

कान और आवाज़ के बीच गहराती गयी घनी धुन्ध
धुन्ध में धँसते गये
मकान मुहल्ले नगर

क़स्बों की सरहदों पर खड़ी रेलगाड़ियाँ
आवाज़ देती रहीं

खाली डिब्बे कतारबद्ध
दौड़ते रहे सूनी पटरियों पर

हरे पेड़ों के झुरमुट से दिखी
एक औरत की नीली पीठ
चेहरे की जगह
एक पतंग थी ओस में भीगी हुई अम्लान

3.
धुन्ध में हँसी एक रात और झरने लगे हरसिंगार के फूल
एक सपना था
जो बिस्तर की सलवटों सा
बिखर गया नींद की तहों में

धुन्ध में तड़ित की तरह लहराई
सेज पर बेहिस पड़ी
एक उदास आवाज़
सुदूर जंगल की कँटीली झाड़ियों को चीरता
दुगने वेग से लौटा
एक लहूलुहान घोड़ा
अपनी क़ौम से अलग होकर

धुन्ध में बाँहें फैलाकर
एक स्त्री ने एक पुरुष को पुकारा

एक पुरुष के हाथ में पिस्टल थी
और हवा में फैल चुकी थी ख़ून की कच्ची बू

उफ़क की गीली हथेलियों को चूमकर
एक फीकी-सी मुस्कराहट में बदल गये
सूरज के लाल होंठ
चाँदनी के बासी फूलों की चमक से
धुल गये

इच्छाओं के रंगीन पहाड़

4.

फिर रात गहराई और किसी अनजान रेडियो फ्रिक्वेंसी पर
तड़पकर टूट गयी
एक अधूरे गीत की लय

फिर किसी जलसे के इन्तज़ार में
उकड़ूँ बैठी
गूँगी बहरी मलिन बस्तियाँ उदास
चाँदनी के डस्टर से पुछ गयीं
चुपचाप

धुन्ध में रुक-रुक कर आ रही थी एक क्रैशर की आवाज़
वहाँ
पकी हुई फसलें नहीं
कट-कट कर गिर रहे थे
सहायक क्रियाओं के असहाय जिस्म

एक अजनबी वर्णमाला के संयुक्त वाक्य की सलीब पर
टँगा था
हमारी भाषा का समूचा व्याकरण

पीले पड़ चुके कागज़-सी उठी एक दीवार धुन्ध के बीचोबीच
दीवार के इस तरफ उठा हाथ
दीवार के उस तरफ गिरे चेहरे को वापस पाने की
उम्मीद में
नीला पड़ता जाता था

टूटकर गिरते हुए दरख़्त के पीछे फैलता जाता था
ख़ून का बदरंग धब्बा

धुन्ध में कुछ भी दिखाई नहीं देता था

एक सा हो गया था हवा पानी और धूप का रंग

धूप की जगह पानी मर रहा था
पानी की जगह
हवा सड़ रही थी

एक दूसरे में पहचान खो रही थीं
मरते हुए मौसमों की दबी दबी चीख़ें

धुन्ध में काँसे का कटोरा उठाये
किसी पुराने दरवेश की तरह
पानी के सहराओं में
प्यास के मानिन्द भटकता था दिन

रात के छोर से आवाज़ देता एक थका हारा मल्लाह
नींद में तारे उगाता
अपनी सूनी नाव पर डाँडे चलाता
समुद्र की लहरों का उदास गीत गाता
धुन्ध में डगमगाते बूढ़े जहाज की रोशनी के सहारे
सुबह के किनारे टटोलता था

5.
वीरान घाटियों के अन्त:करण से निकलकर
बस्तियों के किनारों पर उफनती
एक रुपहली नदी थी
धुन्ध में अपने खोए हुए सिरे ढूँढ़ती

धुन्ध में एक डांग का दृश्य था जिसमें
नित नयी कला वीथिकाओं के अक़्स चमक रहे थे

ठूँठ पर बैठा चित्रकार
अपनी नुकीली चोंच से खींच रहा था
आग के उदास स्कैच

धुन्ध में गोलियों की आवाज़ें थीं
और कुछ नये ई-मेल एकाउंट्स भी
जिनसे बँधे थे
कुछ पुराने दस्तावेज़

एक पुराना चश्मा था
जो एक गुस्सैल हिरनी की आँखों के ताप से
पिघल रहा था

धुन्ध के भीतर चुप्पी से भरा एक खाली विशाल मैदान था
जिसमें धीरे-धीरे जवान हो रहा था
एक सुनहरी धूप का सपना

चाय की पतीली से नुक्कड़ पर उठ रही थी
गहरी नीली भाप

कीचड़ और ख़ून से सने गलियारों में
चमक चमक उठती थीं
ठिठके खड़े पैरों की
सुन्दर
कर्मठ
पिंडलियाँ

6.
धुन्ध की नीलाईयों में नसों की तरह उभरने लगीं
आग की वक्र रेखाएँ

धुन्ध में नींद का एक पहाड़ था
रेखाओं के स्वप्न से धुआँ-धुआँ जलता

धुन्ध में सूर्य के रथ को दलदल से खींचते
अश्व शावकों के समूह थे

धुन्ध में करुणा के जल से बँधा एक मेघ
मुस्कराता
पानी की मशक-सा
छलक रहा था
धीरे-धीरे

धुन्ध में एक अजान खुल रही थी
जिसको तरह देता
किसी प्राचीर के पार्श्व से उठ रहा था
पुरानी घंटियों का
पवित्र कोरस

दुआ में उठी शफ़्फ़ाफ़ हथेलियों पर
आकाश से झर रहे थे
पीले फूलों के पराग कण

चाकुओं ने विनम्र होकर त्याग दी
अपनी बरसों पुरानी धार
और खेतों में हल की मूठ बनकर खड़े थे

उन्हीं कर्मठ हाथों के इन्तज़ार में
जो किसी पुराने महल के मलबे में
फ़ोसिल्स की तरह दबे थे

7.
धुन्ध में खुल गयीं
ऊँची इमारतों की रंगीन खिड़कियाँ
(गो कि उनकी बुनियादों में
अब भी धड़क रही थी
खपरैलों से ऊपर उठते धुएँ की
उदास धुन)

टॉर्च के उजाले में पीली पड़ चुकी अपनी परछाईं को

बहुत क़रीब से घूर रहा था
नीचे खड़ा वाचमैन

धुन्ध में एक आड़ थी
जिसके पीछे
लगभग चीख़ते हुए
पढ़ी जा रही थी
प्रेम की सबसे आदिम कविता

धुन्ध में क़रीने से सजे आईनों के भीतर
थिरक रहे थे एक नर्तकी के अलंकृत पाँव
कि अचानक
काँच के चमकीले फर्श पर
टूटकर बिखर गयी
मिट्टी के एक पुराने साज़ की शिक़स्ता आवाज़

कुहासे में किरचों की तरह खुब गये
कई कोणों से दरकते
सुखी चेहरों के टूटे बिखरे प्रतिबिम्ब

नये राष्ट्र का नागरिक

आवाज़ और उजाले की पिघली हुई छायाओं के बीच
नीली तितलियों की तरह
मेरी नींद में, कल रात
बहुत देर तक उड़ते रहे तुम्हारे फेस-बुक स्टेटस
और एक वीडियो-लिंक ने तो चित ही कर दिया मुझे

पीड़ा और रोष के जीवित दस्तावेज़ बनकर
बहुत दूर तक दौड़ते रहे तुम्हारे कमेंट्स
मेरी हाँफती रगों में...
अपने लिबास की धूल झाड़कर उठा मैं किसी तरह

पानी पीकर बैठा ही था
कि एक चैट-रूम से बुलावा आ गया
पहाड़ों, नदियों, समन्दरों को पार कर कुछ ही क्षणों में
पहुँचा एक अजनबी देश में

वहाँ एक-दूसरे से ऐसे मिल रहे थे सब
सदियों के बिछड़े हों जैसे

मैं भी दाखिल हो ही रहा था एक नशीली दास्तान में
कि इन-बॉक्स में एक ई-मेल देखकर
ठिठक गये मेरे क़दम...
नींद टूट चुकी थी
खुलकर बड़ी हो चुकी थीं आँखें

हाथ मलने के सिवा कोई चारा नहीं था

रात के जंगल में एक उदास भेड़ की तरह
सुबह से पहले ही लौट गया था चाँद...

एक नये राष्ट्र का जन्म हो चुका था
जो विश्व के हर राष्ट्र के भीतर
आकार ले रहा था
हर मानचित्र के बाहर फैल रही थीं जिसकी सीमाएँ

कितना लाजवाब तथ्य था, कि मैं
इस नये राष्ट्र का नागरिक था और मुझे ही ख़बर नहीं थी
...ई-मेल में मेरा नागरिक पहचान-पत्र अटैच था
और अब मुझे
अपनी नागरिकता का शुल्क अदा करना था...

मेरे जाने-अनजाने दोस्तो... अपना मेल-बॉक्स देखते रहो
कहीं तुम भी तो मेरी तरह किसी...

दहक

मेरी और तुम्हारी आँख का पानी
बन सकता है सीने की आग
ज़रा सोचो

आओ बैठो
इस बुझी हुई राख में कुरेदें
फिर किसी ख़्वाब की दहक

तो क्या हुआ कि गूँगे हैं
चीख़ें फिर भी लगाकर ज़ोर
क्या पता दरक ही जाए
यह आलीशान काँच की दीवार

आत्महत्या की घोषणा

वह गिटार बजा रहा है
मैं तमंचा उठा रहा हूँ
यह आत्महत्या नहीं आत्महत्या की घोषणा है

क़ातिल उजालों के स्वप्निल आवेश में
झूमते-झूमते
उखड़ रही है उसकी साँस

फावड़े को कुएँ में फेंककर
खुरपी की धार रेतकर
शहर की सड़क पर खड़ा हूँ मैं
यह आत्महत्या नहीं आत्महत्या की घोषणा है

मुझे अलग मत करो

मैं मिट्टी का एक विशाल घड़ा हूँ
मुझे रख लो
अपने छोटे–से शहर की किसी
स्काईलार्क इमारत पर

मैं तुम्हारे हसीन रंगीन समय के
दलदल में फँसा
एक विशाल बैलगाड़ी का पहिया हूँ
मुझे अलग मत करो
अपनी गति से

हमारी आग

ये किसके जासूस छिपकर बैठ गये हैं
हमारे बैठने, खाने और सोने के कमरों में

कि हमारी नींद तक से चली गयी है
हमारे दालानों बरामदों और खलियानों की धूप

हमारे पैरों से खिसकती जा रही है हमारी धरती
हमारी हवा हमारा आकाश हमारा पानी
हमसे हो रहा है दूर लगातार

हमसे छीनकर हमारी आग
किसने रख ली है अपने रेफ्रीजिरेटेड गोदामों में
कि हमारी आत्मा तक में भर गयी है सीलन

अँधेरे में डूब रही है
विरोध में तनी मांसपेशियों की चमक

उठो, शिराओं में उबलने दो ख़ून का मिज़ाज
उठो, खुलने दो तालू से चिपकी हुई ज़बान

उठो, कि इस बार हम सब मिलकर
छुड़ा लाएँ हमारी आग
कि हमारी दुनिया को बहुत तेज़ ज़रूरत है
रोशनी की

दरिया

मैं एक दरिया हूँ कल समन्दर में जा मिलूँगा
मुझे न तुम अर्ज-ओ-तूल के दायरों में बाँधो

निजात बख़्शो मुझे किनारो
कि फैल जाऊँ मैं अपनी मिट्टी की बरहनाई पे
एक निर्मल रिदा में ढलकर

रिदा कि जिसमें रुपहली रातों की चाँदनी हो
रिदा कि जिसके हरेक रेशे में
एक ताज़ा-सी गुदगुदी हो

रिदा कि जिससे निचुड़ रही हों सुधा की बूँदें
रिदा जो धरती की भावनाओं को
एक तर्ज़-ए-बयान दे दे

मैं अपनी मिट्टी से आँसुओं के परे
कोई मीठी बात सुनने की आस में हूँ

ऐ मुझको चलना सिखानेवाली अज़ीम धरती
तू आज ही मुझको अपने सीने की धड़कनों में
शुमार कर ले

नहीं तो कल कोई एक समुन्दर
मुझे भी ले जाएगा बहाकर

मैं अपनी मिट्टी में जज़्ब होने की फिक्र में हूँ
मैं कल के होने से डर रहा हूँ

हवाओं का रक़्स

हवाएँ नूपुर बाँधे रक़्स में मगन हैं। दरख़्त किसी
मदिरालय से उठकर आए हैं और मद्यपों की तरह
झूम रहे हैं। फूलों पर ओस के क़तरे जम गये हैं।
चरागों की पीली रोशनी में हलके हरेपन की आभा है।
चाँद अपनी पूर्णता पर है और बुगनबेलिया के लाल
फूलों के बीच से झाँक रहा है। नियोन लैम्पों का
उजाला बर्फ़ की तरह कठोर हो गया है। सितारों की
पलकें झपकने लगी हैं।

ज़माना सो रहा है और हम जाग रहे हैं। सुबह होनेवाली है। सारा जादू
सीसे पर पड़ी ओस की भाँति रोशनी किरणों से मिट जानेवाला है।

बादलों में चाँद और ऑटो की आवाज़

शाम और भी गहरा गयी है। धूसर बादल और भी मैले हो गये हैं। उन्होंने चाँद को ढँक लिया है। एक कुत्ता देर से भूँके जा रहा है। हवा साँय साँय कर रही है। एक ऑटो की रगड़ खाती आवाज़ मद्धम पड़ती हुई निकल गयी है। कुत्ता अभी भी भूँक रहा है।
आकाश में तारे टिमटिमाने शुरू हो गये हैं। चाँद बादलों की फ़ौज को परास्त कर आसमान के बीचोबीच आ गया है। तकरीबन आख़िरी बस अपनी नियमित सवारियों का इन्तज़ार कर जा चुकी है। कुत्ता अभी भी भूँक रहा है।

लाल, हरी और पीली आँखोंवाले किसी विशालकाय पक्षी की तरह का एक एरोप्लेन गरज़ता हुआ गुज़र गया है। तमाम दृश्य अपनी जगह से हिल गये से मालूम पड़ते हैं। कुत्ता अभी भी भूँक रहा है।

लालटेन और मकड़ी के दरमियान
(चित्रकार मक़बूल फ़िदा हुसैन की मृत्यु पर)

मिट्टी के तेल की आख़िरी बूँद तक खींचकर
बुझ गयी है लालटेन की लौ
मकड़ी ने समेट लिया है अपना जाला

अद्‌भुत रंगों से बने स्थिर आकाश में रक़्स करते
हमारी कामनाओं के उद्‌दाम वेग से
हिनहिनाते घोड़े
सिर झुकाए लौट गये हैं बेनियाज़
अपनी प्राचीन गुफाओं में

हमारी आदिम बेलिबास देह के सिरहाने
गाढ़े उदास मौन में
और और उभर रहे हैं
रेत पर छूट गये नंगे पैरों के निशान

कला वीथिकाओं के धीमे नफ़ीस उजालों में
धीरे-धीरे आकार ले रहा है
हमारी आत्मा का एक विशाल वृत्तचित्र

अजब तौर से घुल-मिल गये हैं जिसमें
मन के भीतर की औरतों के असंख्य किरदार

आईने में दाख़िल होता पेड़
(एक पेड़ का पोर्ट्रेट)

1
वह एक पेड़ था
ख़ूब हरा
पत्तियों से घना

फिर भी
उसकी शाख़ों पर उदासियाँ चहक रही थीं

उसे किसी मौसम का इन्तज़ार था
शायद

2
जब आईना लाया गया
पेड़ के सम्मुख
अपने हरेपन पर शर्मिन्दा था पेड़

अपनी जड़ों से टूटकर
आईने में दाख़िल हो गया
चुपचाप

3
पेड़ का आईने में दाख़िल होना
एक अभूतपूर्व घटना थी शहर के लिए
टीवी और अख़बार के दफ़्तरों से
आईने की ओर दौड़ रहे थे

रिपोर्टर
सड़क पर जमा भीड़ आख़िरी बार देख रही थी
उस इलैक्ट्रिक करन्ट को
जो पेड़ की खिंची हुई जड़ों में
महीन चिंगारियों-सा दहक रहा था

4
आईने में दाख़िल होता पेड़
बहुत दूर जा चुका था
शहर की तमाम प्रतिच्छवियों के साथ

सभागारों से शयनकक्षों तक हर कहीं
सजीव हो उठी थीं
पेड़ की व्यतीत स्मृतियाँ

लेकिन कहीं भी उस छाया का ज़िक्र नहीं था
जो पेड़ के न रहने पर
धूप से संगसार थी

5
पेड़ की छाया के लहूलुहान होते ही
सिर उठाने लगे नये-नये पौधे

चर्चा गर्म थी
कि छूटी हुई ज़मीन से उठ रही चिंगारियों को
किसकी जड़ों में प्रवाहित किया जाए

पेड़ की शाख़ों से बरसों लिपटी रही एक बेल भी
ख़ुद को पेड़ में बदलने की तैयारी में थी
इसी दरमियान

6
आईने में दाख़िल होता पेड़ एक विचित्र रोग से पीड़ित था

बाक़ी पेड़ जब पतझर की मार झेल रहे होते
हरी रहती उसकी देह

इस हरी देह के भीतर एक नीली रेखाओं का पिंजर था
बहुत सहेजकर रखे गये थे जिसमें
एक मादा पक्षी के अग्नि-पंख

शहर में अफ़वाह थी कि ये अग्नि-पंख ही
आईना बनकर पेड़ के सम्मुख खड़े थे

महाप्रलय के बाद

समय के दलदल में
डूबता है सभ्यता का जंग लगा पहिया

किनारे खड़ा रोबोट
देखता है चुपचाप निर्विकार

ख़ला में तैरती हैं
पक्षियों के टूटे हुए पंखों की उदास छायाएँ

सन्नाटा टूटता है
दलदल के तल से उभरती हैं सहसा
छिपे हुए झींगुरों की असंख्य आवाज़ें

क्षितिज पर फूटती हैं रोशनी की किरणें
लौटते हैं पक्षी

लौटता है मनुष्य
लौटता है सभ्यता का जंग लगा पहिया

कुकुरमुत्ते

कभी–कभी हमें लगता है कि हम
कुत्ते हो गये हैं
बाहर वफ़ादार भीतर पालतू
अपने पर भौंकते रहते हैं दिन रात

हम जानते हैं कि बहुत मुश्किल है
मालिकों की फेंकी हुई हड्डी को छोड़ना

लेकिन फिर भी हमें यकीन है
कि एक दिन
अपना तमाम साहस बटोरकर
छोड़कर उनकी ज़िल्लत भरी रोटियाँ
हम भाग ही जाएँगे
अपने सुरक्षित जंगलों और मैदानों में

पूँछ लहराएँगे
टाँग उठाएँगे
और चाँद को देखकर गुर्राएँगे
गुलाबों के मुक़ाबिल कुकुरमुत्ते उगाएँगे

देह

किसी हसीन फूल की तरह
उमगना था देह को

बहना था पहाड़ी दर्रों के बीच
किसी रुपहले झरने-सा

उदास
कमरे में पड़ी है शिथिल
किसी उतरे हुए लिबास की तरह

आईने में चिड़िया

आईने में
चिड़िया की समूची देह थी

बाहर तो बस
उसकी परछाईं थी

प्रतीक्षा

रात बारिश में भीगी वीरान सड़कें
धूप के आते ही
खिलखिलाकर हँस पड़ीं

सीली हुई माचिस और डूबते सूरज की याद

जैसे ही धूप में रखी
मैंने अपनी सीली हुई माचिस
रास्ते में आ गये बादल
बादलों में डूब गया सूरज

अन्धकार

अन्धकार से सजधज कर निकली
लाइटरों की एक जगमगाती दुकान
एक लाइटर इतना आकर्षक था
कि मैंने उसे ख़रीद लिया

फिर बरस बीते

घर की चाबियों की तरह
लाइटर भी पुराना पड़ गया

लेकिन सिगरेट के धुएँ में अब भी ताज़ा है
सीली हुई माचिस और डूबते सूरज की याद

हालाँकि यह धुआँ भी अब पुराना पड़ गया है
इतना पुराना
कि अकसर सोचता रहता हूँ
इससे छूटने की आसान तरकीबें

अँधेरे की हज़ार हज़ार पट्टियाँ

युद्ध हो रहा है
धृतराष्ट्र के पास संजय की हज़ार हज़ार आँखें हैं
फिर भी
अनभिज्ञ है धृतराष्ट्र युद्ध की ज़मीनी सूचनाओं से

क्या संजय की हज़ार-हज़ार आँखें
गुमराह कर रही हैं धृतराष्ट्र को
या वे नहीं देख पा रहीं

अर्जुन और दुर्योधन की तलवारों से युद्ध-भूमि पर
कटकर गिरी हज़ार हज़ार बाँहों को
हज़ार हज़ार घुटनों को
हज़ार हज़ार धड़ों को
हज़ार हज़ार सिरों को

ख़ून के दलदल में धँस रही है धरती
हवा पानी आग और आकाश हर कहीं
हो रहा है युद्ध
और अनभिज्ञ है धृतराष्ट्र
युद्ध की ज़मीनी सूचनाओं से

संजय की हज़ार हज़ार आँखों पर बँधी हैं
अँधेरे की हज़ार हज़ार पट्टियाँ

दंगा

सुबह के सात बजे थे
धूप मुंडेरों की जाली से छनकर
सारे शहर में फैल गयी थी

एक एक चीज़ से हाथ मिलाकर
पूछा था किरणों ने
'कैसी रात क़टी?'

सब ख़ामोश से चुप्पी साधे
सोच रहे थे
क्या बोलें?
शब भर जागी आँखों में
एक ख़ूनी रात का चेहरा था

कल रात राम के मन्दिर में
कल रात
ख़ुदा की मस्ज़िद में
लाशों ने डेरे डाले थे
कल रात शहर में दंगा था

साजिश

मेरा बायाँ हाथ
मेरे दायें हाथ की हत्या में शामिल हो रहा था
जिस वक़्त
मेरे चेहरे की प्लास्टिक सर्जरी के ख़िलाफ

मैं एक विदेशी अख़बार के मुखपृष्ठ पर छपने के लिए
तैयार हो रहा था

बहेलिये के नाम एक सन्देश

वो चिड़िया जिसके सिर पर
सुन्दर कलगी है
वो चिड़िया जिसके पंख बहुत चमकीले हैं
वो चिड़िया
जिसकी बोली के सुर गीले हैं
उस चिड़िया को तुम पिंजरे से आज़ाद करो

वो चिड़िया जिसने दूब के धानी तिनकों से
इक पेड़ की शाख पे
एक नशेमन छाया था
जिसमें चिड़िया के सपनों का सरमाया था
उस चिड़िया को
उन सपनों में आबाद करो

उस चिड़िया पर जो जुल्मो-सितम की बारिश की
तुम अपने दिल से पूछो
कितने पाप किये
जो औरों से करवाये और जो आप किये
उन पापों का अब खुलकर पश्चाताप करो

उस चिड़िया को तुम
पिंजरे से आज़ाद करो
उस चिड़िया को उन सपनों में आबाद करो

ज़िंदगी

गुंचा कहा करूँ कभी नश्तर कहा करूँ
क्योंकर मैं तेरी सेज को बिस्तर कहा करूँ

जो आया तेरे नैन की जुम्बिश पे मर गया
रक्कासाँ तुझको ज़िन्दगी क्योंकर कहा करूँ

आवागमन बना रहे, दिल के मकाँ को तू
मसजिद कहा करे तो मैं मन्दिर कहा करूँ

दिल की उड़ी जो ख़ाक तो ये आस्माँ बना
तारों में जा बसा जिसे दिलबर कहा करूँ

तारे दिखा रही है थकाकर मुझे ये रात
ऐ चाँद अब भी क्या तुझे रहबर कहा करूँ

लो फिर ज़मीं पे आ गिरी दस्तार चाँद की
सूरज को यानी फिर मैं सिकन्दर कहा करूँ

फँसकर तेरे निज़ाम के चक्कों में जाँ गयी
इक जिस्म है बचा जिसे पिंजर कहा करूँ

जंगल तमाम छान लिया घर की खोज में
कोई शहर मिले जिसे मैं घर कहा करूँ

आए रदीफ़ लेकर, कोई काफ़िया नया
कब तक उसी ग़ज़ल को मुक़र्रर कहा करूँ

होली

फिर आज रंग है हर सू चमन में होली है
पलाश फूल रहे हैं बदन में, होली है

ये कूल घाट ये गलियाँ ये चौक रंग में हैं
नगर में हाट में घर में सहन में होली है

है नील सुर्ख़ गुलाबी जहाँ सितारों का
गुलाल अर्श उड़ाए गगन में होली है

बिरज में फेंक रही है अबीर सखियों पर
बदल रही है ये राधा किसन में, होली है

चढ़ा है भाँग का रंग फाग की धुनें हैं जवाँ
अवध के तन में बनारस के मन में होली है

न खिड़कियों से तको चुप गली में आओ भी
बता रहे हैं इशारे कहन में होली है

कोई हमारे भी लीडर से जा कहो यारो
नहीं है फ़िरकापरस्ती अमन में होली है

वसन्त

भर गयी है गुलमोहर की शाख़ फूलों से
दुख रही है जाने फिर क्यों आँख फूलों से

जिस घड़ी देखा उन्हें आते हुए कचनार ने
झड़ गयी मेरे जिगर की राख फूलों से

खोजता ब्रज की गली मथुरा नगर की भीड़ में
मधुबन दबाये फिर रहा है काँख फूलों से

क्या हुआ मधुमास ने पतझर दिया तारे तो हैं
लो भर गया फिर आस्माँ बैसाख, फूलों से

रात भर शेफालिका झरती रही ज़ेरे उफ़क़
खुल गयी फिर रोशनी की पाँख फूलों से

आ गये फिर सामने लेकर वही शौक़े जुनूँ
फिर कह रही हैं बुलबुलें गुस्ताख़ फूलों से

वीरां न हो ये रहगुज़र करते रहो अहदे वफ़ा
क़ायम रहे बाज़ार की यह साख फूलों से

शहर के स्वप्न में

घर के पुराने कबाड़ से उठकर एक टूटी हुई साइकिल
ट्रैफिक सिग्नल पर इन्तज़ार करते
शहर के स्वप्न में
आ पहुँची

उसे उस पोस्टमैन का इन्तज़ार था जो एक दोपहर
किसी मुकम्मल चिट्ठी का अधूरा पता
ढूँढ़ते ढूँढ़ते
शहर से अचानक ग़ायब हो गया था

शहर के स्वप्न में एक खंडहर था
जिसकी दीवार पर बची
पीली घास
एक बहुत पुराने तालाब पर जमी हरी काई से झाँकती
सीढ़ियों को
एकटक देख रही थी

सीढ़ियाँ जिन पर
दूरी और समय के किसी अजीब मोड़ पर रुका
एक कत्थई अक्स काँप रहा था

शहर के स्वप्न में न दिन था न रात थी
वहाँ समय की
एक अजीबो-ग़रीब गर्दिश थी

जिसमें
अपने ही भँवर में डूबती नदियों का शोर टूट रहा था...

...नदियाँ जिनके पानियों में उन घुड़सवारों की दास्तानें रवाँ थीं
जिनकी नींदों में
पहली बार उतरा था
किसी शहर के स्वप्न का मानचित्र

मेहराबों, गुम्बदों और प्राचीरों की विशाल छायाओं से
घिरा था शहर
शहर में एक सुरंग थी
जिसमें अब भी मौजूद थे उन रास्तों के सुराग
जिनसे होकर शहर में लौट सकता था
शहर का स्वप्न

शहर के स्वप्न में शहर के कान नहीं थे
शहर की आँखें नहीं थीं
शहर के स्वप्न में नहीं थी शहर की जुबान तक
वहाँ एक निचाट खालीपन था
जिसमें

ईश्वर से अपनी मृत्यु की प्रार्थना करते
उन हाथों की लम्बी क़तारें थीं

जिनके बाक़ी जिस्म
उस इमारत की तामीर का दंड भुगत रहे थे
जिसे उन हाथों ने
किसी बादशाह के लिए नहीं
ख़ुद अपने और अपने जैसे और तमाम लोगों के लिए
रचा था

उस निचाट खालीपन में एक गर्दआलूद जेबघड़ी का
साया तैर रहा था

जिस्की टिक टिक पर साँस लेता
एक बूढ़ा चरखा एक कमज़ोर लाठी को
उस ऐनक की दास्तान सुना रहा था
जिसकी नज़र एक रात अचानक धुँधली हो गयी
और सुबह होते ही
शहर के चेहरे ने बदल दिया
जिसका लेंस और फ्रेम
धूप के चश्मों से भर गया था शहर

शहर में एक रात आसमान से उतरा एक विशाल सिनेमाघर
जिसके हसीन पर्दे पर सालों साल
चलती रही
हत्या, रोमांस और तटस्थ हँसी से भरपूर
एक पारिवारिक मनोरंजक फ़िल्म...

कहते हैं उस सिनेमाघर में इतनी सीटें थीं
कि समा जाएँ शहर के शहर एक साथ
और उसकी स्क्रीन का आकार तो इतना बड़ा था
कि उस पर लिखा जा सकता था
एक पूरी सदी का
महाकाव्य

गाँवों, क़स्बों और जनपदों से
रेलों, मोटरों और लारियों में भरकर
खिंचे आ रहे थे
मेलों, गीतों और लोककथाओं की दुनिया के हज़ारों क़िरदार

सिनेमा की दुनिया में ऐसे खोए
कि भूल गये अपने ही पैरों के निशान
उनकी हथेलियों से ग़ायब हो गयीं
भविष्य की रेखाएँ
हू-ब-हू एक जैसे हो गये सबके अँगूठों के हस्ताक्षर

सिनेमा देखते क़िरदार और फ़िल्म के बीच
सरकते रहे
उनकी अपनी ज़िन्दगी के अनगिनत अनसुलझे रहस्य
बिम्ब और आख्यान
जबकि फ़िल्म की रील में नहीं था
उनके सपनों का एक भी
निगेटिव

शहर की सबसे पुरानी इमारत में जिस समय
एक हसीन औरत के शफ़्फ़ाफ़ बदन को
चूम रहे थे
दो रक्ताभ होंठ
शहर के गटर से उठा
एक काले धुएँ का अन्तहीन चक्रवात
शहर के चेहरे पर उड़ने लगीं बदरंग हवाइयाँ

चौराहों पर दिनदहाड़े खुल गयी
जागती रात के तवील अफ़सानों की एक गुप्त किताब
सुबह की चाय में घुल गयी
अख़बार के पन्नों पर हर जगह बिखरी
एक ख़ूनी दास्तान

शहर में रंगों की सियासत थी
और एक विकल्पहीन चुनाव में वोट देने की अनिवार्यता पर
चुप थे नागरिक
अपनी गलियों से बेगाना हो गया था शहर

शहर में एक हाइवे था जिस पर
लिखी थीं हत्या और लूट की अनगिनत वारदातें

शहर के प्रवेश द्वार पर स्वागत में लगी
विशाल विज्ञापन पट्टिकाएँ
आत्मग्लानि से भरकर

उड़ गयीं एक रात शहर के स्वप्न में...
शहर के स्वप्न में दिन-दिन बढ़ रहे अन्धकार से बेख़बर
रात के डांस फ्लोर पर
बियर के झाग में नहाई थी रोशनी
आसमान के काउंटर पर धुत पड़ा था पूरा चाँद

हवा के फ्रेम में पहले की तरह हिल रही थीं
धर्मों की ध्वजाएँ
टेलीविज़न की ब्रेकिंग न्यूज़ में
बड़े आराम से घूम रहे थे अपराधी
और अपने चहरे की प्लास्टिक सर्जरी में व्यस्त था
शहर का निज़ाम भी
हर कोई अपनी जगह सुखी
और सुन्दर था शहर में

कि तभी किसी अनजान दिशा से
गति के सारे रिकॉर्ड तोड़ता
एक चमगादड़
शहर की सबसे ऊँची और चमकीली इमारत से टकरा गया
शहर की देह पर भरभराकर गिर पड़ा
उसके मस्तक का सबसे बड़ा मुकुट

एक लकड़बग्घे की भयानक हँसी से डरकर
अपने रहस्यमय प्रदेशों में भाग गये
जंगल के सारे पक्षी

देखते-देखते एक मलबे में बदल गया शहर
अपाहिजों से भर गये अस्पताल
अपने परिजनों के इन्तज़ार में
सड़ती रहीं लाशें

उच्च स्तरीय बैठकों में जारी थीं घोषणाएँ
तैयार हो रहे थे जवाबी ब्लूप्रिन्ट

प्रेस कॉन्फ्रेंसों के होश उड़ गये थे
ख़ून के धब्बों से भर गयी थीं
कैमरों की फ्लैश-लाइटें

हर ब्रेक के बाद टीवी स्क्रीन पर
दिखाया जा रहा था
शहर के इतिहास की सबसे बड़ी चीख़ का
ग्राफ़िक्स

गुप्त मन्त्रणाओं में उलझे थे
पुलिस के आला अधिकारी

माइक्रोस्कोप और मैग्नीफाइंग ग्लास पर झुकी थी
शहर की सबसे बड़ी आँख
खंगाली जा रही थी
सीसीटीवी कैमरों की फुटेज

इतिहास भाषा और संस्कृति की धुन्ध में ढूँढ़े जा रहे थे
शहर को बचाने के उपाय

चौराहों गलियों और उदास बस्तियों में
तेज़ हो गयीं सर्चलाइटें
शहर की सरहदों से खदेड़े जा रहे थे
सभी अवांछित लोग
रेलवे स्टेशनों पर ट्रेनों की प्रतीक्षा में हाँफ रहे थे
वापसी के हज़ारों टिकिट

कि तभी
अपना फटा कोट पहनकर
चलती ट्रेन से शहर के स्वप्न में कूद गया
एक थका हुआ मुसाफ़िर...
...उसे अब तक नहीं मिला
अपना स्टेशन

जबकि उसकी क़मीज़ के कॉलर पर
अब भी छपा था
शहर के सबसे पुराने दर्ज़ी का पता

समय की किसी मनहूस घड़ी में ऐसी हवा चली
कि उलट गये दिशा के काँटे
समय के पहले ही फट गया
आसमान का वाटरबैग
महीनों मुसल्सल गिरती रही एक बदरंग बारिश
बारिश में घुल गयी
एक मरे हुए पक्षी की अन्तहीन पुकार

प्यास–प्यास चिल्लाता एक झरना टूटकर गिरा
पहाड़ी के उस पार
बाढ़ में बह गये
सूखे पड़े खेत मवेशियों के चारागाह

अपने आसमानों से बिछड़कर
शहर के स्वप्न में भटक गया एक समुन्दर
खाली खाली हवाओं में उड़ते रहे
प्यास की शिद्दत से टूट गये एक घोड़े के उदास पंख

शहर की मुट्ठियों से फिसलती रही इन्तज़ार की रेत
रेत पर तड़पकर मिट गया
एक चन्द्रमा का प्रतिबिम्ब

रेत पर घिसटती रह गयी एक मछुआरे की नाव
रेत पर औंधा पड़ा रहा
युद्ध से लौटा एक विशाल जलपोत

वीरान हो गये बाज़ार
लाशों से भर गये क़ब्रिस्तान और श्मशानघाट
चील की तरह मंडराता रहा

शहर के गोश्त पर एक हैलीकॉप्टर

भेस बदलकर शहर में घुस आये
गिद्धों के जत्थे के जत्थे

उदास मन से अपने वृक्षों के साथ
शहर के स्वप्न में उड़ गये चिड़ियों के घोंसले...

...धीरे-धीरे एक स्वप्नविहीन मरुस्थल में
बदलता गया शहर

शहर में बढ़ती गयी मशीनों की पैदावार
बढ़ता गया फैक्ट्रियों का आतंक
मिडिल क्लास! मिडिल क्लास!!
गाते-गाते टूट गयीं ख़यालों की प्यालियाँ
टूट गये विचारों के जाम

इतिहास की पाठ्य-पुस्तकों से ग़ायब हो गये
शहर के सारे विवरण
वहाँ एक उजाड़ रेगिस्तान बचा था
जिस पर
एक मरीचिका के पीछे बेतहाशा भागते ऊँटों की लाशें बिछी थीं

रेत पर अचानक उभर आए थे
रेगिस्तान की आत्मा में
कहीं गहरे दबे
शताब्दियों पहले लौट गये खोजी सौदागरों के पद-चिह्न

उधर जंगल की आदिम बस्तियों में
किसी भयानक अन्देशे की तरह
घूम रही थीं प्यास की हज़ारों किंवदन्तियाँ

एक बूढ़े डांगर की तरह साँसें ले रहा था लोकतन्त्र

अपनी पूँछ को खुरों पर मारता
उसकी पीठ पर बैठी थी
अपनी उड़ानों से बेतरह निराश
एक सुनहरी चिड़िया

रोशनी की तलाश में धुन्ध को काटता एक लकड़हारा
बदहवास होकर गिर पड़ा शहर के स्वप्न में
आख़िर

अपने वक़्त के भयानक अँधेरे और ख़ौफ़ से घबराकर
शहर के स्वप्न का दरवाज़ा पीटता रहा
सूरज का सातवाँ घोड़ा
शहर की शर्म के पसीने में डूबता यह उसका
आखिरी दिन था

आनेवाली सुबह की ग़ुमशुदगी से बेख़बर
ट्रैफिक सिग्नल पर इन्तज़ार करते शहर की प्रतीक्षा में
अपनी अन्तहीन गुफ़ा का दरवाज़ा खोलकर
तैयार बैठी थी रात

शहर के स्वप्न को लेकर
एक घने जंगल की अजनबी गहराइयों में
उतरती जा रही थी
सुबह

शहर में तेज़ हो गयीं सायरनों की आवाज़ें
सक्रिय हो गये गुप्तचर
गहरे तनाव और नियन्त्रण में साँसें ले रहा था शहर

कि एकाएक
यातायात के सभी नियम तोड़कर
शहर के स्वप्न की तलाश में अदृश्य हो गयी
एक पीली टैक्सी

अन्तःकरण की घाटियाँ

1

अन्तःकरण की घाटियों में
उड़ रही है रेत
सूनी और खुश्क
जबकि बाहर फैला है रंगीन उजाला
अपने असंख्य उत्तरीय लहराता

तनहाई का एक चक्करदार ज़ीना
अपनी सीढ़ियाँ आप उतरता
बख़ूबी जानता है
अपनी उड़ान के आखिरी लम्हे में हाँफते
परिन्दे का सच

2

पपड़ाए होंठों पर
प्यास की शिद्दत के बहुत क़रीब से
गुज़रे हैं
हलक में उतरती
मीठे पानियों की याद के जिस्म

दूर एक उदास कस्बे की ऊँघती दोपहर में
रहट के पानी पर झुकी है
कंक्रीट के सहराओं से लौटी
एक थकन भरी ओक

3

मन के कुहासे में फैलते जाते हैं
ताज़ा लहू से धड़कती
हरी-भरी बेलों के जाल

सेंसर जड़े हैं गहरे मजबूत
सजाना ही होगा
अँधेरे की जुल्फ में
सूरजमुखी का खिला-खिला फूल

धरती का नगाड़ा

धरती का नगाड़ा बज रहा है
सज रहा है आकाश का ऑर्केस्ट्रा

रोशनियों से दमक रहा है सौरमंडल
मस्ती में नाच रहे हैं ग्रह

रात के इश्क़ में
परवानों की तरह टूटते हैं उल्कापिंड

करोड़ों प्रकाशवर्षों की दूरियाँ चलकर
सूर्य को नमस्कार करते
आ रहे हैं तारे

दूर सज़दे में झुका
मुस्कराता है सदियों पुराना ईश्वर

एक अजन्मे भविष्य की कथा

मनुष्य की तलाश में
थककर लौट रही हैं
मृत आत्माओं की अधूरी इच्छाएँ

पुराने खंडहरों में उगी घास
मनुष्य की मृत्यु का गीत गा रही है

गीत में साँस ले रही है
          एक अजन्मे भविष्य की कथा
कथा के गर्भ में फैल रहा है एक विशाल महाकाव्य

महाकाव्य के पन्नों पर
आकार ले रही है एक विशाल मशीन
मशीन के गाल में समा गया है सूर्य
समूचे सौर मंडल में गूँज रही है एक बदहवास चीख़

अँधेरे में सूझ नहीं रहा मार्ग
छूट गया है नियन्त्रण
किसी भयानक विस्फोट की आशंका से गूँज रहा है ब्रह्मांड

हवा में अचानक रुक गयी है पानी की नब्ज़
अँधेरी गुफाओं में भटक रहा है काल लहूलुहान

जंक्शन

रात के ख़ाली कैनवस से गुज़रती है एक ट्रेन
छोड़कर
दूधिया खिड़कियों की एक अन्तहीन कतार

मन के अँधेरे में खुल गयी हो जैसे
छूट गये स्वप्नों की कोई
फोटो-गैलरी

सीटी की आवाज़
लिये जाती है किसी अनजान जंक्शन की तरफ

एक दुर्घटनाग्रस्त मोड़ पर

बैलगाड़ी के पहियों की
दिशा में
एक दुर्घटनाग्रस्त मोड़ पर
ट्रैक्टर के दम तोड़ चुके इंजिन का
धुआँ था

धुएँ में किसी बनैले जानवर की तरह
चमक रही थीं
एक उल्टी पड़ी कार की
अजनबी हैडलाइटें

नींद में ब्लास्ट

सियाह रात के कोने में सिमटा चाँद
अपने सितारों से पूछ रहा था
अपना नाम

नीली बर्फ़ की तरह खामोश थी
धरती की हवा

कि अचानक

फूलों से महकती मेरी खुशनुमा नींद में
ब्लास्ट हो गया
पुराने सपनों का एक आत्मघाती दस्ता

पानी और प्यास के उद्गम स्थलों की खोज में

हज़ारों मरुस्थलों की प्यास गठरी में बाँधकर
लौट रहा था मैं
रोशनियों के शहर से नाउम्मीद

कि ठहर गया तुम्हारी आँखों के समुन्दरों में
बहुत दूर तक चमकती
नदियों के विस्तार देखकर

खूँटे से बँधी रस्सियाँ तोड़कर
काल की अनुपम हवाओं में उड़ चले
इच्छाओं के करोड़ों तुरंग

तुम्हारा नया आसमानी उत्तरीय लपेटे
एक पुरानी नाव में सवार मेरी देह
निकल पड़ी
पानी और प्यास के उद्गम स्थलों की खोज में
सीने में दबाये सूरजमुखी के फूलों की
मुस्कराती क्यारियाँ

विवश बेकरार मेरा अक़्स
निरंकुश पीली आँधियों के भयावह वेग में
चिपका रहा
एक हरे पेड़ की लटकी हुई डाल से

धरती के महावर लगे पैरों में
फिर उभरने लगा
फटी हुई बिवाइयों का असहनीय दर्द

ओक में भरकर धूल के बवंडर
चाँदनी रात के हसीन चेहरे पर
फेंक रही थीं लगातार
बीहड़ घाटियों की लहूलुहान कुहनियाँ

पानी की परछाईं

पानी नहीं था
पानी की परछाईं थी महज़

मैंने ख़ूब ख़ूब
बहुत ख़ूब टटोलकर देखा
प्यास के जिस्म में जान नहीं थी

प्यास की परछाईं थी महज़
जो पानी की परछाईं के
घुटनों पर झुकी थी

धरती के सीने से
रिस रिस कर फूट रहा था
आँसुओं का एक़ नमकीन सोता

ख़ला था मैं कि तूने रंग फेंके

ख़ला था मैं कि तूने रंग फेंके
खिले गुल और चली बादे-सबा

सितारों ने सजाई कहकशाँ
तेरे इशारे पर
कि तेरी उँगलियाँ छूकर उजाला मुझपे बरसा
बारिशों-सा

मुजस्सिम मैं
किसी दरिया में ढलकर
दश्तो-सहरा से गुज़रता जा रहा था
रक़्स करता

ख़ला था मैं कि तूने रंग फेंके
खुला कोई शहर मन के दरीचों से

हज़ारों मील फैला दायरा था
सिम्फनी थी, साज़ थे
और दर्द का लम्बा सफ़र था

गुलफिशाँ इक शाख थी दोनों दिलों के दरम्याँ
एहसास की
फूल झरते थे मुसल्सल तेरे होंठों से
नज़र से झाँकता था आसमाँ

मेरी ख़मोशी में भी इक शाम थी पिघली हुई
इक चाँद था निखरा हुआ

ख़ला था मैं कि तूने रंग फेंके
खिले गुल और चली बादे-सबा

फिर भी

ये चाँद सिर्फ एक चाँद है
सितारे फ़क़त सितारे
फिर भी न जाने क्यों
ये गुमाँ होता है

कि रोज़ रोज़ कहता हूँ इनसे जो भी
सुन रही हो तुम भी

एक दास्तान की दूब में

ये रात की मदिर हवा
मन की सलवटों को सीधा कर जाती है
कितने प्यार से

कितने प्यार से बुलाती है मुझे
नींद के आगोश में

जहाँ एक ख़्वाब बार-बार
एक धुली-धुली-सी रोशनी के नगर में
गुज़िश्ता वक़्त के अफ़सानों से फिर-फिर बुनता है
अनोखे रंगों से सजी एक मखमली दास्तान

मैं इस दास्तान की दूब में नंगे पैर चलता
एक दूर का मुसाफिर हूँ

आपकी तस्वीर

वो यूँ कन्धे पे जुल्फों को गिराकर देखना उनका
कहूँ कैसे कि मैंने
रात में इक सुबह देखी है

धुली हो चाँदनी से जैसे इक हँसती हुई मूरत
निगाहों ने कुछ ऐसे
आपकी तस्वीर देखी है

सन्देह के पक्ष में एक पंक्ति

गुमाँ हुआ तो हक़ीकत भी सामने आई
रुकी-रुकी थी ज़मीं
आज देखो चलती है

याद का चाँद

याद का चाँद
कुछ ऐसे सरकता जाता है
लहरों--सी उठती-गिरती
गिरती-उठती
साँसों के दरम्यान

कि दिल की आवाज़ से एक उजाला-सा लिपट जाता है
रुपहला-सा

आवागमन

बस एक बार गले लग सकूँ तो
जाँ निकले

तेरी तड़प है कि
दम बार-बार आता है

उनका रास्ता

तमाम रात यही सोचकर गुज़ारी थी कि
सुबह होगी तो देखेंगे
रास्ता उनका

चली गयी ये सुबह भी बिना सलाम लिये
ऐ दोपहर
तेरी उम्मीद में खड़े हैं अब

एक संस्मरण

है दरम्यान से आग़ाज़ इस कहानी का
शुरू का बाब तो
आख़िर का बस बहाना है

सुबह

अनन्त शोर के बीच
मुट्ठियाँ भींचकर खड़ी है
मेरी दबी हुई चीख़

पुरानी ख़ामोशी

नयी आवाज़ के नेपथ्य में
एक पुरानी ख़ामोशी
सिर झुकाए बैठी है
पर्दा गिरेगा तो उठेगी
नयी आवाज़ की जगह लेगी

होली का एक रंग

साँवरे रंग डारूँ गुलाबी नज़र से
बाँधकर पीतपट आज धानी चुनर से

तू लुटा दे पलाश अपने मन के
मैं भी सट के खड़ी हूँ शज़र से

क़त्ल

एक चाकू की दस्तक से टूटकर बिखर गया
हिज्र की अँधेरी रात में
वस्ल की चाँदनी का रुपहला ख़्वाब

होटल के कमरे की अलसाई रोशनी में
ख़ून के धब्बों से भर गयी
मोनालिसा की पवित्र मुस्कान

किसी क्लियोपेट्रा के पोल डांस पर उत्तेजित
इस कविता की अँधेरी रात के नायक को
और भी उन्माद से भर गया
वस्ल की चाँदनी के क़त्ल का समाचार

जबकि एक अनन्त अवसाद में डूब रहा था
चाकू का समूचा वजूद
कविता की अँधेरी रात से निकलकर
चाकू की नोक पर आ बैठा था
वस्ल की चाँदनी का रुपहला ख़्वाब
अपने विशाल पंख फैलाये

खेल

तुम मुझे
दुनिया में खींचती रहीं

मैं तुम्हें
दुनिया से खींचता रहा

बरसों का यह खेल
अब भी जारी है

नीम की पत्तियाँ और हवा

नीम के दरख़्त की
पत्ती-पत्ती पर फिसलती हवा ने
उसके हरेपन को
और भी गाढ़ा कर दिया
देखो
कैसे धूप में चमक रही हैं
दरख़्त की दबी हुई खिलखिलाहटें
हवा से कहो
थोड़ी देर और ठहर जाए
अभी पूरी तरह लौटी नहीं
नीम के दरख़्त की खोई हुई मिठास

एक पीला त्रिकोण

आसमान में एक पीले त्रिकोण की तरह
रुका हुआ हूँ मैं
बरसों से

धूप में जलता हूँ तो बारिश मुझे
नहला देती है
अँधेरे से डरता हूँ तो चाँदनी मुझे
बहला देती है

अपनी ही दिशाओं का बन्दी मैं
किसी स्थगित यात्रा के कटे हुए वृत्तान्त-सा
टँगा हूँ अनन्त में
मेरी भुजाओं में अलग होने की ताक़त तो है
मगर एक अदृश्य वृत्त है उनके शीर्ष पर
निरन्तर घूमता हुआ
बँधा हूँ मैं उसी के तिलिस्म से
बेबस

धरती की हरीतिमा
और आकाश की नीलिमा के बीच जलते हुए
सूर्य से कहो
कि किसी बर्फ़ीले प्रदेश में जाकर
ख़ुदकुशी कर ले
अगर नहीं पिघला सकता
मेरी भुजाओं के कसकते हुए सन्धि-स्थल

परछाइयों की धूप में

धूप का चश्मा लगाते हुए मैंने
धूप की परछाईं के बारे में सोचा
धूप की परछाईं के बारे में सोचते हुए तुमने
धूप का चश्मा लगाया

फिर हम दोनों बहुत दूर तक चलते रहे
एक-दूसरे की परछाइयों की धूप में
अलग-अलग दिखते हुए
होते हुए मगर एक साथ

फिर हम दोनों अचानक ही बोल पड़े
अपनी-अपनी धूप का चश्मा उतारते हुए
'धूप की तो कोई परछाईं होती ही नहीं दरअसल'

घुड़सवारी

1

रात के गहरे अन्धकार को चीरकर
समुद्र की लहरों से निकल रहा है एक घोड़ा

घोड़े के इन्तज़ार में
समुद्र के किनारे खड़ा है एक सिरफिरा सवार
हाथों में थामे लगाम और रकाब

घोड़े की ज़बान पर चिपका है
आनेवाले दिनों की अजनबी यात्राओं का स्वाद

2

शहर में हिनहिनाता घूम रहा है
एक घोड़ा
अपने सवार के दस्तानों और जूतों की तलाश में

तितर-बितर हो रही है भीड़
भीड़ में अदृश्य हो गया है एक घोड़ा
छोड़कर अपनी लगाम और रकाब

3

एक घोड़े के नायाब करतबों की तारीफ़ में
बाँधे जा रहे हैं
कुछ ख़ूबसूरत पुल

पुलों पर चढ़े कुछ टेलिस्कोप
नीचे बह रही
एक अनदेखी नदी का अविस्मरणीय गीत गा रहे हैं

4

नदी की तलाश में वीरान मरुस्थलों से लौटा
एक घोड़ा
प्यासा ही लौट रहा है

उसकी आँखों में झूल रही है
पुलों के नीचे चमक और शोर के अनन्त में डूबी
कंक्रीट की एक लम्बी सड़क

मैं और वह

1
मैंने उससे कहा—तुम्हारी आँखें बहुत ख़ूबसूरत हैं।
उसने मुझसे कहा—आसमान का रंग कितना साफ है।
मैंने कहा—समुन्दर को किश्तियों में भर लें?
उसने कहा—किश्तियों के डूब जाने का डर है।
पार उतर के जाना भी कहाँ है? मैंने कहा
डूबने का बड़ा शौक़ है? उसने कहा
मैंने फिर कहा—तुम्हारी आँखें बहुत ख़ुबसूरत हैं।
उसने फिर कहा—आसमान का रंग कितना साफ है।

2
प्रयोगशाला में बहुत सन्नाटा था, जब मैंने उससे कहा—हाइड्रोजन!
वह मुस्कराई और उसने कहा—ऑक्सीजन!
हाइड्रोजन—मैंने एक खाली वीकर उठाया और फिर उसी संजीदगी से कहा।
उसके दोबारा मुस्कराने से पहले ही पानी का जन्म हो चुका था।
मैंने कहा —ताजमहल
उसने कहा—यमुना नदी
और हम प्रयोगशाला से बाहर आ गये।

3
मैं चाँद के बहुत करीब खड़ा था
जब उसने सितारों की भरी महफ़िल में खोल दिए
अपने गेसुओं के सभी ख़म एकाएक।

मैंने चाँद से कहा—देखो तो, आसमान में कितनी दूर तक उड़ रहा है
तुम्हारे मन के सूरजमुखी का भीना-भीना पराग
तुम्हें कुछ ख़बर भी है?
चाँद ने मुझसे कहा—अहा, इसे तो ब्रेकिंग न्यूज़ होना चाहिए
चलो कोई न्यूज़ चैनल लगाओ
तुम भी, कहाँ डिस्कवरी चैनल पर रुके हुए हो...।

4

उसने मुझे अपने आँसुओं में रेत के महीन कणों की तरह छुपा रखा था।
आँसुओं के नदी बनने से पहले
मैंने उससे कहा था—ड्रॉप दिस आइडिया...
मैं तुम्हारी पलकों पर ओस का फूल बनकर बिखरना चाहता हूँ।
नो, इट्स ए बैड आइडिया...
मैं तो समुद्र में विलीन होने तक तुम्हारे साथ-साथ चलना चाहती हूँ—
उसने मुझे लाजवाब करते हुए कहा।
तब से वह नदी है और मैं रेत
प्यारे सैलानियो, हमारे सीमान्तों को गन्दला न करें
अपनी लापरवाह आज़ादियों से...।

5

नवम्बर की ऐसी ही रात थी, जब ज़मीन से आसमान की ओर उठ रहे
बुगनबेलिया के बैंगनी पर्दे पर उसकी हँसी
सितारों-सी बिखर गयी थी।
मैंने उससे कहा—देखो, चाँद से कितना रू-ब-रू है तुम्हारा चेहरा।
तुम्हारा चाँद तुम्हें ही मुबारक़ हो,
मुझे तो सूर्य का इन्तज़ार है—उसने चाँद से चिढ़कर कहा।
मैंने कहा—सूर्य में बड़े ब्लैकहोल्स हैं आजकल
तुम्हारा चाँद कौन-सा बेदाग है—उसने कहा।
दाग अच्छे हैं और मेरा मन एक साबुन की टिकिया है
मैंने हँसकर कहा और उसे गले लगा लिया।

तब भी मुझे सूर्य ही कहो...मैं तुम्हारी सुबह हूँ रात नहीं
उसे यही कहना था उसने यही कहा

मुझे भी किसी सुबह का इन्तज़ार नहीं था
मैं तो रात के समुद्र का नाविक था...।

6

सौरमंडल की तमाम कक्षाओं से बाहर निकलकर
मैंने उसे देखा और कहा—प्यार।
डज़ इट एक्जिस्ट—उसने पूछा
मैंने कहा—एटलीस्ट यहाँ तो...।
उसने सितारों की ओर देखा और एक गैलेक्सी को आवाज़ दी
मैंने पूछा—एक और मृत्यु?
नहीं, एक और जन्म—उसने कहा।
मैंने ब्रह्मांड की सबसे प्राचीन घड़ी में देखा
किसी दिल के धड़कने का वक़्त हो चला था...।

7

शहर में जब सियासत के समीकरण बिगड़ रहे थे
और एक समुदाय का उम्मीदवार दूसरे समुदाय के
उम्मीदवार की जड़े खोद रहा था
मैंने उससे कहा—चलो एक पेड़ उगाएँ।
उसे संशय था—फूल खिलेंगे?
मैंने कहा—मौसम तो पतझड़ का है फिर भी लैट्स ट्राई
उसने पूछा—अपनी मुस्कराहट बो दूँ?
मैंने अपनी कुदाल उठाई और पिछले मौसम में पूरी तरह जल चुके
चिनार के वृक्षों को याद करते हुए कहा—हाँ, मग़र होंठों की
लिपिस्टिक तो छुटा दो...।

8

शहर के जुलूस में बहुत दूर तक चलने के बाद हमने अपने क़दम
एक खंडहर की ओर मोड़ दिए।
शहर और खंडहर के बीच की खाली जगह को
एक नदी की तरह देखते हुए मैंने उससे पूछा—जाएँ तो जाएँ कहाँ?
टैक्सी ड्राइवर, देवानन्द, 1954...नाइस सोंग इट इज—जवाब में उसने
कहा।

मैंने उसकी आँखों में तैरती हुई उम्मीद को
एक नाव की तरह देखा
और खंडहर की पुरानी तहज़ीब में लौटते हुए पूछा—लांग ड्राइव?
मेरी हथेली को अपनी हथेली से गर्माते हुए उसने कहा—व्हाइ नॉट?

9

नेताजी के भाषण में पार्टी की टोपी थी, पार्टी का माइक था और मुँह भी शायद पार्टी का ही था
मैंने उससे पूछा—नेताजी का क्या है?
कुछ नहीं, सब जनता का है—बालों से हेयर पिन निकालते हुए उसने कहा।
बीच में पार्टी कहाँ से आई फिर—मैंने फिर कहा
'पार्टीशन' शब्द पर ज़ोर देते हुए उसने पूछा—'हिन्द स्वराज' नहीं पढ़ा क्या?
हाँ, पढ़ा तो है—मैंने अपना चश्मा ठीक करते हुए कहा।
तो फिर उठो और जनता से कहो कि,
हमें किसी वकील की ज़रूरत नहीं—लोकतन्त्र की हर अदालत को ख़ारिज़ करते हुए उसने कहा।
क्या उसने मुझसे कुछ ग़लत कहा—मैंने अपने आप से पूछा।

10

मैं पूरब से आया और वह पश्चिम से। फिर हम दोनों एक बाज़ार में पहुँचे। मैंने घोड़े की नाल खरीदी और उसने घोड़े के पंख।
यह युद्ध का समय नहीं—मैंने उससे कहा
यह शान्ति का भी समय नहीं, उसने प्रतिवाद किया
घोड़ा कहाँ मिलेगा—तब मैंने पूछा
जहाँ प्रेम मिलेगा—तब उसने कहा
क्या यह प्रेम का समय है—मैंने उसकी आँखों के काजल का अर्थ समझते हुए पूछा
हाँ, यह प्रेम का समय है—उसने अपनी आँखों के काजल का अर्थ समझाते हुए कहा।
हम समुद्र के बहुत नज़दीक थे और घोड़े के हिनहिनाने की आवाज़ बहुत साफ सुनाई दे रही थी।
मैंने देखा उसके सफेद स्कार्फ में पीछे छूटते हुए बाज़ार के रंग

किसी प्रिज़्म की मानिन्द चमक रहे थे।

11

म्यूज़िक लाइब्रेरी में एक पुराना रिकॉर्ड तलाशते हुए उसने कहा—
सब थे यहाँ, जब तुम नहीं थे
जब तुम थे, कोई नहीं था दूर-दूर तक।
मैंने कहा—अब?
अब सब हैं यहाँ, और तुम भी हो—उसने कहा।
मैंने कहा—कोई नहीं है यहाँ, मैं भी नहीं, सिर्फ तुम हो।
क्या फ़र्क पड़ता है अगर मैं हूँ,
तुम तो नहीं हो ना—
पुराने रिकार्ड पर ग्रामोफोन की नीडल रखते हुए उसने कहा।
हमारे कहने और सुनने के बीच घूमती हुई ख़ामोशी में
हम कहीं तो थे—मैंने सोचा।

12

मैं किसी काम में बिज़ी था
जब मैंने उससे कहा—कैच यू लेटर
यू कान्ट कैच मी—उसने कहा
कैच मी इफ यू कैन—मैंने सुना।
काम अधूरा छोड़कर
मैं उसकी तलाश मैं निकल पड़ा
उसने अपना चेहरा किसी फूल से बदल लिया था
वसन्त के विदा लेने से पहले
अब मुझे उसको पहचानना था।

13

हम एक तस्वीर का निगेटिव बनकर आए थे दुनिया में
वह फोटोग्राफर कहाँ होगा जिसने हमारा पोज़ीटिव निकाला था—
मैंने उसकी स्मृति में लौटते हुए पूछा।
फोटोग्राफर को छोड़ो, उस पोज़ीटिव को ढूँढ़ो—मेरी विस्मृति को
जगाते हुए उसने कहा।
तो क्या हम आज भी एक निगेटिव हैं?

शायद : हम दोनों का एक ही जवाब था
तब तो मस्ट है उस फोटोग्राफर को ढूँढ़ना—हमने एक-दूसरे से एक साथ कहा
हमारा एक साथ कहना हमें हैरान कर गया था।

14

रिक्याविक की सफेद रातों को जैसलमेर की पीली शामों से मिलाते हुए
कौसानी के एक होटल में जब उसने मुझे जगाया
तो मैंने उससे पूछा—'प्रथम रश्मि का आना रंगिणि तूने कैसे पहचाना?''
पन्त की नगरी में कवियाना छोड़ो और चाय पियो
रात के सिरहाने जो चाँद की घड़ी रखी थी ना तुमने, उसी में अलार्म लगाया था
उसी ने पहचाना होगा, उसी से पूछो—
अपनी जुल्फों के पेचो-ख़म को और भी उलझाते हुए उसने कहा।
कवि सुमित्रानन्दन पन्त की नगरी में नाकवियाना आसान नहीं था
वह भी कविया रही थी और मैं भी।

15

किसी मंज़िल की अधूरी तलाश सी रुकी हुई हूँ मैं...न जाने कहाँ?
मेरे क़दम मुझे छोड़कर कहाँ चले गये?
गहरी उदासी में डूबते हुए उसने कहा।
जब मेरी हर आरज़ू पूरी हो चुकी तो मैंने एक विष का प्याला ऑर्डर किया
और उसी काउंटर पर दम तोड़ दिया
जिस पर एक अजनबी ने मुझे अमृत का प्याला दिया था
अमृत के प्याले में बड़ी ऊब थी।
पिछले जन्म का आख़िरी वाक़या सुनाते हुए
मैं भी उसी गहरी उदासी में उसके साथ डूबता चला गया
हमें इस उदासी से कहीं उबरना था...ना जाने कहाँ?

16

मैं सोचता था कि कार के ब्रेक सिर्फ फ़िल्मों में फेल होते हैं
जब जीवन में हुए तो आसमान 180^0 डिग्री घूम गया।

आसमान को बमुश्किल रोकते हुए उसने कहा : स्टीयरिंग... ?
स्टीयरिंग को बमुश्किल सँभालते हुए मैंने कहा : समुद्र... ?
समुद्र को रोकना किसी तरह मुमकिन नहीं था।

सब कुछ छोड़कर
एक दूसरे को बमुश्किल थामते हुए हमने
लहरों के उफान में विंडस्क्रीन के टूटने की आवाज़ सुनी
और आलिंगनबद्ध हम...।

❑❑❑